सब हदें तोड़कर

ग़ज़ल संग्रह

शाद उदयपुरी

मेरे पिता 'नसीर बनारसी',

मेरी पत्नी 'एकता ख़ान',

और सभी चाहने वालों के नाम

जो मेरी ग़ज़लों को पसंद करते हैं

"""

शाद उदयपुरी

मेरी ग़ज़लों को संकलित करने का विचार मेरे कुछ चाहने वालों की वजह से ही मुमकिन हो पाया है। मैं उन सभी लोगों का शुक्रगुज़ार हूँ।

क्रम-सूची

क्रम-सूची

क्रम-सूची

प्रस्तावना

उर्दू हिंदी शायरी को अपने दिल में बसा कर मुहब्बत करने वाले बहुत लोग हैं। मेरी ये किताब उन सभी शायरी प्रेमियों के लिए एक प्रयास है। कितनी बार मुशायरों और कवि सम्मेलनों में मेरे पढ़े कलाम पर लोगों ने वाह वाह और तालियाँ बजा करके मेरी ग़ज़लों को पसंद किया और मेरा उत्साह बढ़ाया। आप सभी से जो मेरी ग़ज़लों के प्रति मुझे मुहब्बत मिली उसी से प्रेरित होके मैंने सोचा कि क्यूँ न मैं भी अपनी ग़ज़लों की एक किताब आप सभी ग़ज़ल के दीवाने और चाहने वालों के नाम लिखूँ।

उर्दू शायरी यूँ तो अब लगभग सभी विषयों पर लिखी जा रही है पर इसका आरंभ मुहब्बत, इश्क़, प्यार, इबादत और जुदाई आदि से ही हुआ है। इसका विशेष पहलू ये है कि प्रीतम से अपने दिल की बातों को अपने शब्दों से बयाँ करना।

प्रेमी से मिलन की आकांक्षा बिलकुल स्वाभाविक है, यदि इंसान प्रेम में है तो अपने प्रीतम से ज़रूर मिलना चाहेगा। और अगर उसकी मिलने की आकांक्षा पूर्ण होती है तो अलग ही दुनियाँ में रहने लगता है यूँ कहें की खो जाता है अपने अलग ही आनंद भरी दुनियाँ में जहाँ उसको कोई और दूसरी चीज़ नहीं दिखती और उस अवस्था में कविता और शायरी के रूप वो अपनी अभिव्यक्ति ज़ाहिर करता है। वहीं उसके ठीक विपरीत वियोग में भी जो उसके भाव शब्दों के रूप में निकलते हैं उसको सम्पूर्ण इश्क़िया शायरी कहा जाता है।

> *"तुम ज़रूरत नहीं आदत बन गए हो*
> *इस काफ़िर की इबादत बन गए हो"*

मैंने अपनी ग़ज़लों में प्रेम के सभी पहलुओं पर कुछ न कुछ लिखने का प्रयास किया है। साथ ही कुछ अन्य विषय पर भी कुछ ग़ज़लों को आपके लिए इस पुस्तक में जोड़ रहा हूँ।

मैंने चंद सरल शब्दों में अपनी बात कहने के साथ ये भी कोशिश की है की ज़्यादा से ज़्यादा लोग मेरी लिखी ग़ज़लों को पसंद करें। अपने काव्य पाठ के दौरान मुझे जो स्नेह श्रोताओं से मिला आशा करता हूँ कि ग़ज़ल संसार में भी मेरी इस पुस्तक का समुचित सम्मान और प्रेम मिले।

- शाद उदयपुरी

1. सलाम मुनाजात - दुआ

तेरा शुक्र अदा हम करते हैं
लेके तेरा नाम शुरू करते हैं

“”

लिखें ख़ूब सुख़न-वर गीत यहाँ
तेरे सजदे में सर को रखते हैं

“”

महफ़िल ग़ज़लों की सजती रहे
रुके न ये क़लम यूँ चलती रहे

“”

लेके तेरा नाम शुरू करते हैं

“”

बरसा दे तू अपनी रहमत को
रहे तेरा करम हरदम सब पे

“”

कर हुनर अता तू लिखने का
झोली सबकी तू ही भरता

"''"

लेके तेरा नाम शुरू करते हैं

"''"

खुशियां फैलाने दुनियाँ में
नेकी की राह पे निकले हैं

"''"

काव्य-लौ को जला के आज सभी
अंधकार मिटाने निकले हैं

"''"

लेके तेरा नाम शुरू करते हैं

"''"

2. हम्द

नाम लेके तिरा हम शुरू कर रहे
तीरगी में यहाँ रौशनी भर रहे

"""

ख़ूबसूरत बनें ये ज़मीं आसमाँ
चाहतों से सदा ये भरा घर रहे

"""

बज़्म चारों तरफ़ बस अदब की सजे
नाम हरदम तिरा इन लबों पर रहे

"""

सिलसिला प्यार का जोड़कर वो चलो
दर्द से आँख ना कोई भी तर रहे

"""

काव्य की लौ से हम हर अंधेरा हरे
रौशनी से भरा आपका घर रहे

"""

ये क़लम जो लिखे बस तेरी हम्द हो
ख़म तिरे सामने 'शाद' का सर रहे

• 3 •

3. इश्क़ जुनूँ के क़ाबिल हो तुम

इश्क़ जुनूँ के क़ाबिल हो तुम
मेरे दिल में शामिल हो तुम

""

मैं तो ख़ुद से कब का बिछड़ा
लेकिन मुझको हासिल हो तुम

""

भटकी हुई मेरी कश्ती का
इस तूफ़ाँ में साहिल हो तुम

""

मासूमियत तिरी है वल्लाह
पर नज़रों से क़ातिल हो तुम

""

ख़ुद से नाइंसाफ़ी की है
जाने कैसे आदिल हो तुम

""

मेरी हालत तुम क्या जानो
ख़ुद से भी तो ग़ाफ़िल हो तुम

""

रहमत उसकी मुझ पर बरसी
तब जाके मुझे हासिल हो तुम

""

भोली सूरत आँख नशीली
सारे जहाँ में कामिल हो तुम

""

इश्क़ मुहब्बत दिल की भाषा
तुम क्या जानो जाहिल हो तुम

""

फूलों जैसी तेरी फ़ितरत
फिर भी क्यों पत्थर दिल हो तुम

""

दिल की बातें दिल ही जाने
तुम क्या जानो बे-दिल हो तुम

""

मैं हूँ अधूरा तुमसे बिछड़ के
ज़ख़्मों से मेरे बिस्मिल हो तुम

""

भूलना चाहा भूल न पाया
मेरे दिल की मुश्किल हो तुम

""

'शाद' हुआ न यूँ ही किसी का
अपनी अदा से दाख़िल हो तुम

""

4. भूलकर रंज-ओ-ग़म अब ख़ुशी चाहिये

भूलकर रंज-ओ-ग़म अब ख़ुशी चाहिए
बस ख़ुशी से भरी ज़िन्दगी चाहिए

""

भूल बैठा हूँ आलम को तेरे लिए
और कैसी तुझे बंदगी चाहिए

""

है अँधेरा ये माना तेरे चार-सू
तू जला ख़ुद को गर रौशनी चाहिए

""

क्या मिलेगा हमें दुश्मनी से भला
दुश्मनी भूल जा दोस्ती चाहिए

""

चार कंधों पे इक दिन चला जाऊँगा
ज़िंदगी मौत से भी बड़ी चाहिए

""

चाँद में दाग़ होता है देखो मगर
रौशनी फिर भी मुझको वही चाहिए

"

तुम किसी चाँद से भी तो कम हो नहीं
चाँद की ही मुझे चांदनी चाहिए

"

सात जन्मों से करते रहे इल्तिजा
ज़िंदगी तू मेरी ज़िंदगी चाहिए

"

'शाद' कहता रहा उम्र भर साथ हो
साथ अब आपका हर घड़ी चाहिए

"

5. दर्द हद से सिवा बढ़ता रहा

दर्द हद से सिवा बढ़ता रहा
और बढ़ना दवा होता रहा

""

हाल पूछा सभी ने यूँ मिरा
ज़ख़्म नासूर सा होता रहा

""

क्यूँ जुदा बोलिये मुझसे हुए
मैं अकेला वफ़ा करता रहा

""

आज तनहाइयाँ तुमसे मिलीं
सोचकर आह मैं भरता रहा

""

ख़्वाब में जब मिरे आने लगे
क़ाफ़िला प्यार का चलता रहा

""

तुम जफ़ा पे जफ़ा करते गये
मैं दुआ पे दुआ करता रहा

""

'शाद' मैंने कभी सोचा नही
आपका प्यार भी मरता रहा

""

6. मैं जहाँ हूँ दिखाई देता हूँ

मैं जहाँ हूँ दिखाई देता हूँ
दिल से सुनिए सुनाई देता हूँ

""

तोड़ लाये हो आज तारे तुम
दिल से तुमको बधाई देता हूँ

""

ज़र्रे ज़र्रे में हूँ समाया हुआ
दिल से देखो दिखाई देता हूँ

""

मिलिए मुझसे तो एक पल के लिये
दिल से ये ही दुहाई देता हूँ

""

झूठे वादे किए थे दिलबर ने
फिर भी मैं ही सफ़ाई देता हूँ

""

7. इक तमन्ना मेरे दिल की है अधूरी आज भी

इक तमन्ना मेरे दिल की है अधूरी आज भी
है मुहब्बत की जो मंज़िल वो तड़पती आज भी

"

ग़म के बादल कब हटेंगे यार मेरे कुछ कहो
ये मिलन की प्यास देखो क्या बुझेगी आज भी

"

मनचला दिल कह रहा है तू मिले मुझको अभी
है ख़बर दिल को भी मेरे ना मिलेगी आज भी

"

कर गया वादा ख़िलाफ़ी मिलने वो आया नहीं
यूँ तड़प के रह गयी है रूह मेरी आज भी

"

बंदिशें मजबूरियों की क्यूँ यहाँ हैं दरमियाँ
बेक़रारी और बढ़ के क्यूँ सताती आज भी

"

गर रहो मुझसे जुदा तुम हो गुमाँ कैसे मुझे
है तुम्हारे बस में ही तो ख़ुशियाँ मेरी आज भी

""

रूठ कर तुम क्यूँ गए हो आ भी जाओ पास में
जान लेके आ गया हूँ मैं सवाली आज भी

""

ये मुहब्बत का असर है नब्ज़ मेरी थम रही
'शाद' की जो ज़िन्दगी थी है अँधेरी आज भी

"

"

8. आज बेचैन हूँ नींद आई नहीं

आज बेचैन हूँ नींद आई नहीं
क्या हुआ है मुझे कुछ पता ही नहीं

"''

तेरी यादों में जीता हूँ मैं हर घड़ी
याद तेरी न आई हुआ ही नहीं

"''

हम तका करते हैं रात भर चाँद को
उसमें सूरत नज़र तेरी आई नहीं

"''

हुस्न-माना तेरा दिलनशीं है मगर
तू भी इंसाँ है तुझमें ख़ुदाई नहीं

"''

कैसे समझेगा तुझको कहो आईना
आईने को भी सूरत दिखाई नहीं

"''

तीरगी मेरे दिल में हुई इसलिए
तुमने उल्फ़त कभी भी जलाई नहीं

""

मेरे जैसा जहाँ में नहीं दूसरा
तेरे जैसा भी मुझको मिला ही नहीं

""

तेरी बातों पे आख़िर करूँ क्यूँ यक़ीं
यार सच तू कभी बोलता ही नहीं

""

बोलकर प्यार से लूटकर चल दिये
इश्क़ पर अब यहाँ तो यक़ीं ही नहीं

""

उम्र भर तुम हमारे हो कहते रहे
जब ज़रूरत पड़ी तुम मिले ही नहीं

""

कह दिया हर दफ़ा मैं तिरा हो गया
बात इतनी कही तुम समझती नहीं

""

क्या ख़ता हो गयी 'शाद' क्या हो गया
यार मुझसे मेरा बोलता ही नहीं

सब हदें तोड़कर

""

अहल-ए-हक़ 'शाद' तुझपे करें क्यूँ गुमाँ
आयतें इश्क़ की जब पढ़ी ही नहीं

""

9. आह इतनी भरा नहीं करते

आह इतनी भरा नहीं करते
प्यार को मकबरा नहीं करते

""

ख़्वाब आकर चले गये जो शब
फ़िक्र उनकी ज़रा नहीं करते

""

तोड़ के जो चले गये हैं दिल
साथ उनके मरा नहीं करते

""

याद कर के तिरी जफ़ाएँ अब
ज़ख़्म दिल का हरा नहीं करते

""

घास पानी नहीं जहाँ पर तो
जानवर भी चरा नहीं करते

""

सर झुकाये जहाँ अँधेरे हों
रात से वो डरा नहीं करते

"""

है सियासत यही सियासत में
काम कोई खरा नहीं करते

"""

मरहम-ए-वक़्त से भी अब मेरे
ज़ख़्म दिल के भरा नहीं करते

"""

दिल से जो ना हुआ हमारा 'शाद'
हम शिकायत करा नहीं करते

"""

10. आज दिल में मिरे भरे हैं जो

आज दिल में मिरे भरे हैं जो
लफ़्ज़ तेरे खरे खरे हैं जो

“”

देखकर यूँ मुझे परेशाँ तुम
आम इंसाँ से हम परे हैं जो

“”

कसम-ए-वादे सभी तुम्हारे थे
याद बनके धरे धरे हैं जो

“”

साथ मेरे कहाँ रहोगे तुम
ये इरादे मरे मरे हैं जो

“”

सब बयाँ कर गये कहानी में
अश्क़ आँखों में ये झरे हैं जो

“”

साथ तुझको मैं ग़ैर के देखूँ
ज़ख़्म दिल के हरे हरे हैं जो

""

11. सिर्फ़ तुझपे है एतबार मुझे

सिर्फ़ तुझपे है एतबार मुझे
अब तो आजा है इंतज़ार मुझे

""

तेरे आने की आस में दिलबर
पी रहा है यूँ सिगार मुझे

""

बस तेरी एक झलक पाने को
दिल ये करता है बेक़रार मुझे

""

मेरे दिल की हर इक ख़ुशी के लिए
करती रहती है तलबगार मुझे

""

तुझमें डूबा हूँ एक तिनके सा
ऐसे ना कर दरकिनार मुझे

""

जा रहा हूँ ना लौट आऊँगा
आके तू देख एक बार मुझे

""

बन के बारिश तू मुझपे बरसा कर
चाहे कर दे तू फिर बीमार मुझे

""

ग़म में डूबा रहेगा 'शाद' सुनो
आके दे दे तू एतबार मुझे

""

12. उनसे जब मुलाक़ात हुई

उनसे जब मुलाक़ात हुई
दिल मिले और बात हुई

"''

उल्फ़तें उनसे ऐसी मिली
अश्कों की बरसात हुई

"''

उसने शिद्दत से चाहा मुझे
ख़ुशियों की सौग़ात हुई

"''

मेरे दामन में चाहत भरा
ख़त्म अब काली रात हुई

"''

मिलने वो जो आए मुझे
आज फिर बरसात हुई

"''

छोड़ कर सारी दुनियाँ को 'शाद'
वो शरीक-ए-हयात हुई

13. हम किसी का बुरा नहीं करते

हम किसी का बुरा नहीं करते
दुश्मनों से दग़ा नहीं करते

"""

कैसी ख़ुद-ग़र्ज़ियों में डूबे हैं
फ़र्ज़ अपना अदा नहीं करते

"""

वो वफ़ाएँ सिखा रहे है हमें
जो वफ़ाएँ पढ़ा नहीं करते

"""

जिनके दिल में हो नूर का दरिया
तीरगी वो किया नहीं करते

"""

जिनको चाहा है जान से बढ़कर
वो ही हक़ में दुआ नहीं करते

"""

'शाद' का दिल से जो हुआ ही नहीं
उससे शिकवा गिला नहीं करते

“”

14. क्यूँ न मेरे हुए तुम सदा के लिए

क्यूँ न मेरे हुए तुम सदा के लिए
याद में क्यूँ रहे तुम जफ़ा के लिए

"""

करके वादे वफ़ा क्यों हवा हो गये
ये मिली है सज़ा किस ख़ता के लिए

"""

तोड़ कर दिल मिरा क्यों गया ये बता
वो ख़ता तो बता तू ख़ुदा के लिए

"""

उम्र भर ना सही चार पल ही सही
इक नज़र ही बहुत है दवा के लिए

"""

ख़ूब बन बन फिरे लोग पागल कहें
हमने क्या क्या सहा दिलरुबा के लिए

"""

तू फ़लक तू जमीं जान ईमाँ भी तू
हम तेरे हो गए हैं सदा के लिए

“”

रूह से रूह का राब्ता छिन गया
'शाद' कैसे जिये इस सज़ा के लिए

“”

15. तन्हा होकर भी मैं तो न तन्हा रहा

तन्हा होकर भी मैं तो न तन्हा रहा
रात भर दीप जो साथ जलता रहा

"""

होके तुझसे जुदा मैं बिखरता रहा
एक तू ही मगर मुझको जँचता रहा

"""

साज के दर्द से लोग हैं बेख़बर
राग बजता रहा दर्द बढ़ता रहा

"""

दे गया वो दग़ा यार था जो कभी
चाल चलता रहा साथ चलता रहा

"""

प्यार हमने किया सब हदें तोड़कर
बेवफ़ा फिर भी हमको ही छलता रहा

"""

बात क्या हो गयी छोड़कर क्यों गये
मैं यही सोचकर हाथ मलता रहा

""

चुभ गयी बात वो बात सच थी मगर
दर्द सहता रहा प्यार बचता रहा

""

है मुहब्बत की तहरीर जैसे कोई
वो मुझे मैं उसे यूँ ही पढ़ता रहा

""

दर्द-ए-दिल को बता 'शाद' कैसे सहे
जो मिला ज़िक्र उसका ही करता रहा

""

16. छुपा है प्यार जो वो दिल में दिखाऊँ कैसे

छुपा है प्यार जो वो दिल में दिखाऊँ कैसे
लफ़्ज़ मिलते ही नहीं बोलो मैं गाऊँ कैसे

""

तेरे वादे को वफ़ा मान के मैं बैठा हूँ
तू आएगा कि नहीं दिल को बताऊँ कैसे

""

तेरी जफ़ा ने इसे कब का बुझा डाला है
बुझा चिराग़ है ये दिल मैं जलाऊँ कैसे

""

तेरे जाने के बाद वक़्त ठहरा-ठहरा है
उठी जो टीस बोलो दिल में दिखाऊँ कैसे

""

मुझे पता है किसी और दर तू जाएगी
मैं अपने घर को दुल्हन जैसे सजाऊँ कैसे

""

हज़ार शिकवे किए मुझको बेवफ़ा लिख्खा
तेरे ख़ुतूत मैं दुनियाँ को पढ़ाऊँ कैसे

""

अश्क़ आँखों से नहीं दिल से अब निकलते हैं
दर्द टूटे हुए दिल का मैं सुनाऊँ कैसे

""

दिल तो रोएगा मैं अब कैसे संभालूँ इसको
ग़म के बादल हैं जो मैं इनको हटाऊँ कैसे

""

दिल तड़पता है मुझे इससे बचा ले यारा
अगन जो दिल में लगी उसको बुझाऊँ कैसे

""

मेरी गुज़री हुई रातों में खो गयी ख़ुशियाँ
बिन तेरे कैसे जिया हूँ मैं बताऊँ कैसे

""

मैं रूठों को भी मना लूँ ये हुनर दे मौला
मेरी ख़ुशियों में हों शामिल मैं बुलाऊँ कैसे

""

तुझको पाकर ये 'शाद' ख़ुशियों से न मर जाए
मेरी हयात हो मैं तुमको बताऊँ कैसे

17. इश्क़ का रंग गहरा यूँ चढ़ता रहा

इश्क़ का रंग गहरा यूँ चढ़ता रहा
इश्क़ को दिल लगी वो समझता रहा

""

यार मेरा गुलाबों की मानिंद है
ख़ुशबूओं की तरह वो बिखरता रहा

""

इश्क़ से जिसकी नज़रें सदा थीं भरी
उस नज़र को मिरा दिल तरसता रहा

""

ज़ख़्म तुमने दिये तुम दवा थे कभी
ग़ैर के जो हुए मैं बिखरता रहा

""

आरज़ू उसको पाने की हर पल हुई
ख़्वाहिशों के जहां में भटकता रहा

""

दूर रह के भी दिल से जुदा वो नहीं
याद बन के फ़िज़ा में महकता रहा

“”

तार दिल के जो तूने हैं छेड़ें बहुत
हो के तेरा ही दिल यूँ धड़कता रहा

“”

उठ रही जो कसक ये बताऊँ किसे
आए वो सामने दिल मचलता रहा

“”

वो हुए ग़ैर के क्यूँ न मंज़िल मिली
बेवफ़ा वो हुए दिल तड़पता रहा

“”

उनसे कहना तो चाहा बहुत कुछ मगर
आए जब पास वो मैं लरजता रहा

“”

नींद आती नहीं वो भी आते नहीं
रात भर करवटें मैं बदलता रहा

“”

वो ज़माने में खोया रहा उम्र भर
उसकी ख़ातिर मिरा दिल मचलता रहा

""

उसके गेसू के साये मुझे ना मिले
धूप में उम्र भर मैं झुलसता रहा

""

और बढ़ती गयी बेक़रारी मेरी
जैसे-जैसे वो दिल में उतरता रहा

""

प्यार का फ़लसफ़ा 'शाद' से पूछिए
वो बिखरता रहा वो संभलता रहा

""

18. दिल ही दिल में तुझे बसाया है

दिल ही दिल में तुझे बसाया है
तू नहीं अब यहाँ पराया है

""

दिल को मेरे सुकून आया है
जब से तूने गले लगाया है

""

अश्क आंखों में अब नहीं रुकता
बह के रुख़सार तक ये आया है

""

झील सी आँख में नहीं डूबा
या इलाही तेरी ये माया है

""

छोड़कर जो कभी गया था मुझे
बाद मुद्दत के लौट आया है

""

याद कर के उसे सदा रोया
दिल से मैंने उसे मनाया है

"""

मैं तड़प कर कहीं न मर जाऊँ
इस क़दर क्यूँ मुझे सताया है

"""

दर्द कोई नहीं रहा बाक़ी
देख जब से गले लगाया है

"""

बेक़रारी मुझे सतायेगी
दिल में तेरा ख़्याल आया है

"""

देख तुझको सभी ठहर जायें
'शाद' कैसी तेरी ये काया है

"""

19. चाहते हैं जिसे ख़फ़ा क्यूँ है

चाहते हैं जिसे ख़फ़ा क्यूँ है
दिल लगाने की ये सज़ा क्यूँ है

"''

दिल के जो पास है ख़फ़ा क्यूँ है
जिन्दगी का ये फ़लसफ़ा क्यूँ है

"''

चाहते ही रहे तुझे हरदम
आज हालात ये जुदा क्यूँ है

"''

बात करके नहीं थके थे तुम
रूठ जाने में अब मज़ा क्यूँ है

"''

'शाद' रोता नहीं कभी हमदम
आँख से अश्क फिर गिरा क्यूँ है

"''

20. आप सा कोई देखा नहीं

आप सा कोई देखा नहीं
दिल कहीं और लगता नहीं

"""

हसरतें मेरी जगने लगीं
दर्द-ए-दिल मेरा मिटता नहीं

"""

रहता है मुझसे अंजान वो
आज तक दिल ये समझा नहीं

"""

बेपनाह इश्क़ तुझसे हुआ
कैसे तुझको ये दिखता नहीं

"""

सिर्फ़ मैंने ही समझा तुझे
तूने क्यूँ मुझको समझा नहीं

"""

याद तू ही रही है मुझे
मैंने ख़ुद को भी सोचा नहीं

""

इश्क़ में जान दे-दे कोई
ऐसा मैंने तो देखा नहीं

""

ग़म के गौहर मिलेंगे तुझे
मैं हूँ इंसान दरिया नहीं

""

इस क़दर मुझमें डूबा न कर
तेरी ख़ातिर ये अच्छा नहीं

""

ग़म जो तूने दिए शुक्रिया
फिर भी देखो मैं रोया नहीं

""

मौसमों से बदल वो गए
आज तक 'शाद' बदला नहीं

""

21. बे-झिझक साथ तेरे मैं चलता रहा

बे-झिझक साथ तेरे मैं चलता रहा
राह का बन के दीपक मैं जलता रहा

""

क्यूँ दिलों में ये दूरी है घर कर गई
तू उधर मैं इधर हो के चलता रहा

""

मैं रहा देखता तू कहीं खो गया
ग़मज़दा हो के मैं हाथ मलता रहा

""

जाने क्या-क्या सहा है तेरे वास्ते
सुब्ह को मैं उगा शाम ढलता रहा

""

आज तक भी मुझे वो समझ ना सका
मेरे दिल को यही तो है खलता रहा

""

वो समझता है कि मैं समझता नहीं
वो यही सोचकर मुझको छलता रहा

""

इल्म था तुझसे होगा कभी ना मिलन
बस तू सपना था आँखों में पलता रहा

""

जानता हूँ कि तू बेवफ़ा है मगर
फिर भी जब चाहे तू, तुझसे मिलता रहा

""

जाने किसकी दुआ का सिला ये मिला
ये बुझा 'शाद' दुनियाँ को खलता रहा

""

22. मैं करूँगा इंतज़ार हो सके तो लौट आ

मैं करूँगा इंतज़ार हो सके तो लौट आ
दिल हुआ है बेक़रार हो सके तो लौट आ

"""

जो लगे इल्ज़ाम मेरे नाम पर सब झूठ हैं
भूल के अब जीत हार हो सके तो लौट आ

"""

रूठ कर तू बे हिसाब हो रहा है क्यूँ ख़फ़ा
तुम पे ना करना है वार हो सके तो लौट आ

"""

ज़िन्दगी दुशवार यार हो गई है बिन तिरे
अब करूंगा ख़ूब प्यार हो सके तो लौट आ

"""

साँस यूँ चलती रहे अगर तू मेरे साथ हो
तू ही मेरा पहला प्यार हो सके तो लौट आ

"""

है क़सम तुमको भी मेरी मान भी जाओ सनम
हो गया हूँ मैं शिकार हो सके तो लौट आ

"''

तू नज़र आता नहीं धड़कने बेचैन हैं
दिल को आ जाए क़रार हो सके तो लौट आ

"''

तूने क्या समझा मुझे हरजाई तो मैं नहीं
अब करेंगे आर पार हो सके तो लौट आ

"''

तू ही मेरी हर ख़ुशी है जीने का आधार तू
तू ही तू है गुल-ए-गुलज़ार हो सके तो लौट आ

"''

प्यार की बातें सदा ही प्यार से ना कीजिये
प्यार है अब बेशुमार हो सके तो लौट आ

"''

23. कोई बात नहीं है हुई

कोई बात नहीं है हुई
अभी रात नहीं है हुई

“”

बोलो जाएँ तो जाएँ कहाँ
मुलाक़ात नहीं है हुई

“”

रात सपने में देखा जिसे
सौग़ात नहीं है हुई

“”

इश्क-ए-बाज़ार में जाने मन
अभी मात नहीं है हुई

“”

तू मेरी न हुई तो कभी
कायनात नहीं है हुई

“”

दिल में बादल बहुत हैं उठे
फिर भी बरसात नहीं है हुई

“”

‘शाद’ हमको हरा दे कोई
ऐसी बात नहीं है हुई

“”

24. दौर जब भी नवाज़िश का चलता रहा

दौर जब भी नवाज़िश का चलता रहा
दर्द मेरा उसे देखो खलता रहा

"

भूख उसको लगी थी बहुत ही मगर
वो निवाले तो अपने बदलता रहा

"

सरहदों पे जवाँ रोज़ मरते रहे
ख़ूँ हमारा इधर भी उबलता रहा

"

ग़म ज़माने ने उसको दिये हैं बहुत
फिर भी वो है कि मुझसे ही जलता रहा

"

ये जो एहसास तुमने दिये हैं मुझे
दिल मेरा अब ज़ियादा संभलता रहा

"

25. इश्क़ में तुम जो इतरा रहे हो

इश्क़ में तुम जो इतरा रहे हो
बेल नाज़ुक पे बल खा रहे हो

"""

अब नहीं इब्न मरियम यहाँ पर
ज़ख़्म नाहक ही दिखला रहे हो

"""

है नहीं अपना इश्क़-ए-मजाज़ी
पास आओ क्यूँ कतरा रहे हो

"""

बिन लिखा ख़त ये क़ासिद को दे के
इस क़दर मुझको तड़पा रहे हो

"""

आएँगे कह के भी तुम न आए
किस तरह पूछूँ कब आ रहे हो

"""

सब हदें तोड़कर

क्या मिला ऐसे काफ़िर बना के
जाम आँखों से छलका रहे हो

"""

26. तुम लाख दूर जाओ मगर कुछ नहीं है होना

तुम लाख दूर जाओ मगर कुछ नहीं है होना
हम दोनो साथ रहने की ख़ातिर हुए हैं पैदा

"""

हसरत नहीं है मुझको कि महलों में हो ठिकाना
ये आसमाँ चादर है मेरी ये ज़मीं बिछौना

"""

पैसे कमाने के लिये क्या क्या पड़ा है खोना
देखूँ मैं पीछे मुड़ के तो आता है मुझको रोना

"""

समझा है तूने मुझको कि जैसे हूँ मैं खिलौना
लगता है मुझपे करते हो तुम कोई जादू टोना

"""

हमसे वफ़ा की खुशबुएँ दुनियाँ में फैलती हैं
ये सुन लो कान खोल के हमको न आज़माना

"""

तितली की तरह उड़कर तुम आओगी मेरी जानिब
कर दूँगा तुमको एक दिन अपना मैं जब दीवाना

"""

शिकवे तमाम तेरे कर दूँगा दूर लेकिन
नफ़रत के बीज दिल में मुझको नहीं है बोना

"""

गर छोड़कर गया कभी दुनियाँ को बिन बताये
आँखों को अपनी अश्कों से हरगिज़ न तुम भिगोना

"""

ऐ शाद तेरे लफ्जों ने वो काम कर दिया
ज़ख़्मों से मेरे बच न सका दिल का कोई कोना

"""

27. मुझे तुमसे मुहब्बत है तुम्हें मैं कैसे समझाऊँ

मुझे तुमसे मुहब्बत है तुम्हें मैं कैसे समझाऊँ
बड़ी शिद्दत की चाहत है तुम्हें मैं कैसे समझाऊँ

"''"

तेरे ख़ातिर परेशाँ हूँ मैं ख़ुद से रोज़ लड़ता हूँ
मेरी ख़ुद से अदावत है तुम्हें मैं कैसे समझाऊँ

"''"

तेरी साँसों की ख़ुश्बू क्यूँ मुझे मदहोश करती है
इन्हीं से ही तो राहत है तुम्हें मैं कैसे समझाऊँ

"''"

तुम्हीं को ढूँढती रहती हैं हर पल ये निगाहें क्यूँ
तुम्हारी ही ज़रूरत है तुम्हें मैं कैसे समझाऊँ

"''"

दिया है दिल तुम्हीं को ही बहारें तुमसे तो ही है
मेरे दिल की शराफ़त है तुम्हें मैं कैसे समझाऊँ

"''"

मेरे दिल की ज़मीं पर तुम घटा बनके बरस जाओ
नही दरिया की चाहत है तुम्हें मैं कैसे समझाऊँ

" "

तुम आ जाया करो मिलने ख़ुशी का रंग खिलता है
तुम्हें ख़ुद ही इजाज़त है तुम्हें मैं कैसे समझाऊँ

" "

28. दोस्ती को नया आयाम दिया

दोस्ती को नया आयाम दिया
दिल में था जो भी सरेआम किया

"""

जाने अनजाने में कैसे कब
हमने उसको ही बदनाम किया

"""

चाहतें और भी हो सकती थीं
तेरी नज़रों ने क़त्लेआम किया

"""

डर के रहते थे ना हो रुसवाई
फिर भी कैसा ये अंजाम किया

"""

यूँ डरा के उसे भी दुनियाँ ने
दर्द-ए-दिल का हमें ईनाम दिया

"""

29. ये कैसा मुझको रोग लगा

ये कैसा मुझको रोग लगा बिन तेरे रह नहीं पाऊँ मैं
गर तुमसे ना मैं रोज़ मिलूँ जीते जी ही मर जाऊँ मैं

"""

तुमसे ना मिलने का वादा हर रोज़ मुझे तड़पाता है
बिन बात किये तुमसे कैसे अपने दिल को समझाऊँ मैं

"""

मुझको ना कभी तुम चाहोगे ये बात पता है दिल को भी
फिर भी तेरा ही नाम लिखूँ तेरे ही नग़मे गाऊँ मैं

"""

जानू ना मैं भी ये तो यहाँ तेरे दिल में भी क्या चलता है
जो तुम चाहो वो बात करूँ दिल को तेरे बहलाऊँ मैं

"""

क्या तुमको पता है उस दिन से किस हाल में अब मैं जीता हूँ
हलचल मेरे इस दिल की तो कैसे तुमको बतलाऊँ मैं

"""

30. बेझिझक बेसाख़्ता चलता रहा अपनी जगह

बेझिझक बेसाख़्ता चलता रहा अपनी जगह
रात भर थी आँधियाँ जलता रहा अपनी जगह

“”

बुझ गया मैं यार वो खिलता रहा अपनी जगह
साथ रहकर वो मुझे छलता रहा अपनी जगह

“”

फिर दिलों में दूरियाँ घर यूँ हमारे कर गईं
मैं इधर तो वो उधर जलता रहा अपनी जगह

“”

देखते ही देखते जाने कहाँ वो खो गए
दिल मसोसे हाथ मैं मलता रहा अपनी जगह

“”

ज़िन्दगी में ऐसे मंजर सामने आए बहुत
है क़मर भी शम्स भी ढलता रहा अपनी जगह

“”

31. तुम बिना कुछ नहीं क्यूँ चले जाते हो

तुम बिना कुछ नहीं क्यूँ चले जाते हो
बेवजह आँख में अश्क़ दे जाते हो

"""

जो रखा था छुपा के सभी से यहाँ
साथ अपने सदा तुम ही ले जाते हो

"""

आ रहा हूँ बहुत जल्द मिलने तुम्हें
झूठ ऐसा कहे तुम धरे जाते हो

"""

तुम भी इकरार इनकार कर ना सके
यूँ ही मझधार में छोड़ के जाते हो

"""

दिल के जज़्बात की कुछ क़दर तो करो
क्यूँ इसे तुम भुला के चले जाते हो

"""

आ भी जाओ न अब पास में जाने जाँ
दूर रह के भी मुझ में बसे जाते हो

""

'शाद' कैसे रहेगा तेरे बिन यहाँ
बस इसी बात को बिन कहे जाते हो

""

32. ख़ुशबू जैसे गुलाब की खिलने के बाद

ख़ुशबू जैसे गुलाब की खिलने के बाद
नज़रें छुपती नहीं नज़रें मिलने के बाद

"""

चाहतें कुछ नहीं तुमसे मिलने के बाद
अरमाँ पूरे हुए तुमसे मिलने के बाद

"""

तेरे जाने की ज़िद हमसे मिलने के बाद
जाओ तो जाओ पर दिल के मिलने के बाद

"""

यार वादा तो कर प्यार पलने के बाद
ख़ुश रहेंगे सदा तुमसे मिलने के बाद

"""

लो हुए हैं बदनाम साथ चलने के बाद
इश्क़ चर्चा में है तुमसे मिलने के बाद

"""

आते ही करते हो मुझसे चलने की बात
'शाद' तो है वहीं तुझसे मिलने के बाद

“”

33. कहते हो तुम शर्माते नहीं हो

कहते हो तुम शर्माते नहीं हो
पर दिल की बातें बताते नहीं हो

"""

मेरे पास आ के देखो ज़रा तुम
फिर ये न कहना हँसाते नहीं हो

"""

घड़ी दो घड़ी आ के मेरे पास बैठो
फिर ये न कहना बुलाते नहीं हो

"""

तुझे देख के मेरी धड़कन थमी है
दिल में तुम अपने बसाते नहीं हो

"""

तू ही मेरी दुनियाँ तू ही मेरी मंज़िल
मेरी जान इसे क्यूँ सजाते नहीं हो

"""

शाद उदयपुरी

जो अब मैं गया तो आऊँगा फिर ना
तुम ये न कहना रुलाते नहीं हो

"
"

है तुझसे ही सब कुछ मेरी ज़िन्दगी में
मेरी जाँ गले क्यूँ लगाते नहीं हो

"
"

• 61 •

34. मुझको भुला के तुम भले बैठे हो शान से

मुझको भुला के तुम भले बैठे हो शान से
यादों में भी न आऊँगा सुन लो ये ध्यान से

""

अपनों के साथ तुम हो तन्हा जी रहा हूँ मैं
तुम कैसे जी रहे हो वहाँ इत्मीनान से

""

जीना हुआ मुहाल मेरा मुश्किलों में हूँ
थोड़ी सी साँसें दे-दे तू अपनी ही जान से

""

तुझको न भूल पा रहा हूँ क्या करूँ मैं अब
किसको सुनाऊँ हाल-ए-दिल अपनी ज़बान से

""

ख़ुश है तू घर बसा के किसी और का सनम
कैसे हटाये 'शाद' भी दिल के मकान से

""

35. दिल की धड़कन थमी थमी सी है

दिल की धड़कन थमी थमी सी है
चश्में तर में अभी नमी सी है

"""

याद आता है बचपना अपना
सोच थोड़ी बरहमी सी है

"""

आओ फिर लौट के जियें बचपन
उम्र-ए-रफ़्ता अभी थमी सी है

"""

आज हम साथ-साथ हैं दोनों
खाना-ए-दिल में कुछ कमी सी है

"""

याद आती है जिस घड़ी माँ की
घर में सब है मगर कमी सी है

"""

36. दूर तक जाने की बात करते हैं हम

दूर तक जाने की बात करते हैं हम
एक दूजे को धड़कन समझते हैं हम

"""

साँस दर साँस लब पे तेरा नाम है
इस इबादत को भी कम समझते हैं हम

"""

तेरी मुस्कान ही दिल को रोशन करे
जान कब से इसी पर ही मरते हैं हम

"""

साथ जो तुम रहो कोई ग़म ही न हो
मुश्किलों को भी आसाँ समझते हैं हम

"""

ख़्वाहिशें साथ जीने की दिल में रहीं
ख़्वाब-ए-जन्नत हो तुम ये समझते हैं हम

"""

सर चढ़ेगा बहुत 'शाद' का इश्क़ है
याद रखना दुआओं में चलते हैं हम

""

37. भरोसा करता रहता हूँ मैं अपनी आदत से मज़बूर

भरोसा करता रहता हूँ मैं अपनी आदत से मज़बूर
दग़ा वो रोज़ देता है वो अपनी फ़ितरत से मज़बूर

“”

किया जो तुमने बेगाना मुझे मैं जान दे दूँगा
यहाँ तो ऐसा लगता है तू अपनी हरकत से मज़बूर

“”

बता तू कैसे पूछूँ हाल तेरा तू कहाँ छुपा
करूँ मैं क्या जो तुमको खोज लूँ हूँ हालत से मज़बूर

“”

दुआ में जो भी माँगी थी वो खुशियाँ तेरी ही ख़ातिर
तेरी ख़ुशियों शामिल मैं नहीं था किस्मत से मज़बूर

“”

किया फिर से भरोसा 'शाद' ने दिल टूटने के बाद
दग़ा फिर से वो देगा क्यूँकि वो है आदत से मज़बूर

“”

38. यादों में खोये हैं अकेले हम

यादों में खोये हैं अकेले हम
ख़ुद से ही बातें अब करेंगे हम

"""

ऐसा लगता है आप मेरे हैं
फिर भी दुनियाँ में क्यूँ अकेले हम

"""

दिल की बातों को कैसे समझेंगे
बात करते नहीं अकेले हम

"""

रखते हैं खास वो जगह दिल में
याद आते हैं जब अकेले हम

"""

कोई तो 'शाद' भी हमारा हो
महफ़िलों में रहे अकेले हम

"""

39. इक तमन्ना आह फिर भरती रही

इक तमन्ना आह फिर भरती रही
यूँ अकेले में शमा जलती रही

""

कब घटा ग़म की छटे है क्या ख़बर
शाम बनकर ज़िन्दगी ढलती रही

""

लग रहा था आज तो मिलना ही है
आस मिलने की मगर मरती रही

""

साख अपनी ही ज़बाँ का खो रहे
बात उनको ये भली लगती रही

""

'शाद' तो करता रहा दिल से वफ़ा
बेवफ़ाई हर ख़ुशी करती रही

""

40. प्यारे प्यारे दिलकश लम्हे

प्यारे प्यारे दिलकश लम्हे आँखों में तेरी दिखते हैं
शायरी के वो लफ़्ज़ सुनहरे बातों में तेरी दिखते हैं

""

ख़्वाब ही देखा जागते रहते सोया नहीं तू कितने दिनों से
कितना है तड़पा मेरे बिना तू रातों में तेरी दिखते हैं

""

इश्क़ मुहब्बत जिसने किया है बहक गया वो पीने से पहले
मदिरा में भी वो बात नहीं है आँखों में तेरी दिखते हैं

""

शर्माना हकलाना हुआ है जब भी तुझे कुछ बोलना चाहा
दिल में है कितना प्यार भरा सा बातों में तेरी दिखते हैं

""

अपनी इबादत में भी छुपा के नाम पुकारे 'शाद' का हरदम
मुझसे मुहब्बत कितनी है तुमको आँखों में तेरी दिखते हैं

""

41. दर्द जुदाई का सहने से पहले

दर्द जुदाई का सहने से पहले
सोचा नहीं इश्क़ करने से पहले

"""

कुछ दिन और भी जी लेते हम
क्यूँ न मिले तुम मरने से पहले

"""

भूल गया अब याद नहीं कुछ
देखा नहीं क्यूँ चलने से पहले

"""

हाँ में हाँ तेरी ना में ना है
सोचा करो कुछ कहने से पहले

"""

दिल तेरा भी धड़का होगा
दिल के टुकड़े करने से पहले

"""

शाद उदयपुरी

दिखना धुँधला हो जाता है
आँख में आँसू भरने से पहले

"""

42. सोचता मैं रहा तू कहीं खो गया

सोचता मैं रहा तू कहीं खो गया
ऐसा क्या हो गया बेवफ़ा हो गया

“”

ख़्वाब मेरा कभी सच हुआ ही नहीं
जागता मैं रहा तू कहीं सो गया

“”

मेरी मंजिल है तू, तू मेरा रास्ता
तू मिला ही नहीं तू कहाँ खो गया

“”

मैं किसी का नहीं सिर्फ़ तेरा हुआ
ढूँढता मैं रहा तू किधर खो गया

“”

सोचते-सोचते तुमको रोया बहुत
जाने कैसे मेरे दिल में बस वो गया

“”

शाद उदयपुरी

याद करता रहा और रोता रहा
'शाद' को छोड़कर यार क्यूँ वो गया

""

43. रूठा जो मैं कभी तो मनाने वो आ गए

रूठा जो मैं कभी तो मनाने वो आ गए
है मेरी फ़िक्र कितनी जताने वो आ गए

"

होती है वफ़ा क्या ये बताने वो आ गए
बिखरी हुई दुनियाँ थी बसाने वो आ गए

"

चाहा जिसे मैंने मुझे वो ही नहीं मिला
इस बात को क्यूँ दिल से बताने वो आ गए

"

साक़ी से कह दो सारे ये पैमाने हटा दे
आँखों से पीने और पिलाने वो आ गए

"

जो टूट के चाहे तुम्हें वो 'शाद' ही तो है
अब साथ में रहने के ज़माने वो आ गए

"

44. मिन्नतें मैंने की सर झुकाता रहा

मिन्नतें मैंने की सर झुकाता रहा
तुम न कहना कि अब मैं करूँ क्या भला

""

ग़म की बारिश हुई जब से तू है मिला
जब भी देखा तुझे मर्ज़ बढ़ता गया

""

जान जाती नहीं जान जाती रही
मौत आयी नहीं और मैं मर गया

""

हार बैठा हूँ दिल तुमने देखा नहीं
सूरतेहाल ऐसा करूँ क्यूँ भला

""

अपने दिल से कभी तुमने चाहा नहीं
बेवफ़ा तू मुझे फिर भी भाता रहा

""

जब भी आया तेरे दर पे मिलने तुझे
ग़ैर के पहलू में तुमको पाता रहा

“”

क़ीमत-ए-शाद की कैसे समझेगा तू
बद-नसीबी से तुमने इसे खो दिया

“”

45. ज़िन्दगी कुछ नहीं आशिक़ी के बिना

ज़िन्दगी कुछ नहीं आशिक़ी के बिना
मौत मंज़ूर है दिल्लगी के बिना

"""

जल बिना मीन जैसे तड़प कर मरे
आदमी है मरा ख़ुश-रवी के बिना

"""

मर रहा मैं इधर मर रहा वो उधर
दोनों तरसा करें दोस्ती के बिना

"""

साथ मेरे रहा और मेरा नहीं
यूँ लगा मर गया ख़ुदकुशी के बिना

"""

कब मिलोगे मुझे कुछ पता ही नहीं
कोई क्या जी सका ज़िन्दगी के बिना

"""

यार ही प्यार हो वो भी अच्छा नहीं
प्यार फीका लगे बेरुख़ी के बिना

""

तू नज़र में मिरे हर जगह हर घड़ी
क्यूँ अकेले चले 'शाद' ही के बिना

""

46. दुआएँ गर सभी की हों यूँ ही मैं जीत जाऊँगा

दुआएँ गर सभी की हों यूँ ही मैं जीत जाऊँगा
ग़ज़ल और गीत गाऊँगा यूँ ही मैं गुनगुनाऊँगा

"""

मेरे हँसने से जो गर ख़ुश रहो तो जान लो ये तुम
जो तेरा साथ हो हरदम यूँ ही मैं मुस्कुराऊँगा

"""

मेरी सारी ख़ुशी से क्यूँ ज़माना रूठ जाता है
अगर तुम भी यहाँ रूठे तुम्हें कैसे मनाऊँगा

"""

तेरा ही साथ माँगा है तेरे ही साथ रहना है
तेरे बिन जो अगन दिल की वो कैसे मैं बुझाऊँगा

"""

जो तुमको देख न पाऊँ मेरी तो ईद भी न हो
तेरे बिन क्या ये होली और दिवाली मैं मनाऊँगा

"""

तुम्हीं से 'शाद' की ये धुन यक़ीनन मेल खाती है
तेरे ही साथ मैं सारे सुरों से सुर मिलाऊँगा

“”

47. ख़ूबसूरत है तू फिर भी मेरी नहीं

ख़ूबसूरत है तू फिर भी मेरी नहीं
है मुहब्बत मुझे तू समझती नहीं

“”

याद तेरी मुझे अब सताने लगी
तोड़ देती है दिल पास आती नहीं

“”

हो गया मैं फ़ना एक तेरे बिना
दिल हुआ है हज़र घर बसाती नहीं

“”

ग़ैर की बाँहों में जब से रहने लगी
ख़्वाब में भी मुझे मिलने आती नहीं

“”

काश ऐसा न हो काश वैसा न हो
जिंदगी कश्मकश में बितानी नहीं

“”

ख़त नहीं लिखती क्यूँ मुझको मालूम है
गर पता हो पता तो भी लिखती नहीं

"""

तू इनायत करे दो घड़ी ही सही
जानिब-ए-दर उम्मीदें-शिफ़ा ही नहीं

"""

आ भी जा आ भी जा, आ भी जा आ भी जा
'शाद' दिल से पुकारे तू सुनती नहीं

"""

१. फ़ना - बरबाद, २. हज़र - सफ़र का उलटा, ३. जानिब-ए-दर -
प्रीतम के आगमन की अंतिम आशा
४. उम्मीदें-शिफ़ा - आराम आ जाने की आशा

48. ये जो एहसास है वो बहुत ख़ास है

ये जो एहसास है वो बहुत ख़ास है
दूर रह के भी तू ही मेरे पास है

"""

डर गए तुम ज़माने से कह न सके
साथ जीने की तुमको बहुत आस है

"""

तुम रहे मेरे बिन कैसे इतने दिनों
अब बताओ मिलन की तुम्हें प्यास है

"""

बोलना था बहुत बोल पाए नहीं
बिन कहे दिल को समझो ये ही आस है

"""

याद मुझको सताए सुबह शाम क्यूँ
अब न बुझती न मिटती मिरी प्यास है

"""

हीर रांझा को तुमने पढ़ा है बहुत
'शाद' की जो कहे वो कहाँ क़ास है

"''"

क़ास - कहानी कहने वाला, कथा सुनाने वाला

49. ऐसा ख़ुश माहौल बनाएँ

ऐसा ख़ुश माहौल बनाएँ
पंछी घर को छोड़ न जाएँ

""

बच ही न पाए दिल में दूरी
ऐसा इक संसार बनाएँ

""

करते हम सब प्रेम की बातें
जीवन अपना स्वर्ग बनाएँ

""

ग़म के बादल छाएँ कभी न
शुक्र-ए-सुख़न वो राह दिखाएँ

""

दिल में है बस इतनी ख़्वाहिश
मिल के वतन के नग़मे गाएँ

""

50. मुश्किल हो जब जान लगा लो

मुश्किल हो जब जान लगा लो
देश की ख़ातिर शीश कटा लो

""

वीर जवानों का मिलकर तुम
अपने दिल में मान बढ़ा लो

""

देश की ख़ातिर मर मिट जाएँ
ऐसा जज़्बा दिल में जगा लो

""

अम्न वतन का ख़तरे में है
भाईचारा और बढ़ा लो

""

प्रगति अपनी अधर में अटकी
जात धरम का भेद मिटा लो

""

घर-घर शिक्षा अब पहुँचा कर
देश की अपनी शान बढ़ा लो

"''"

कर के सुरक्षित हर बेटी तुम
भारत माँ की लाज बचा लो

"''"

दहेज प्रथा व्यापार हुआ है
बेटों का बाज़ार हटा लो

"''"

रिश्वत खोरी फैल रही है
इस दीमक से देश बचा लो

"''"

'शाद' कहे ये सबसे सुनो तुम
देश का गौरव मान बढ़ा लो

"''"

51. पेट भर के सभी ने खाया है

पेट भर के सभी ने खाया है
बाद उसके भी सब पचाया है

""

काम करता नहीं कभी भी वो
रौब उसका जमा जमाया है

""

भूख की मार को सहा जिसने
इक वही तो यहाँ सताया है

""

काम तो नेक ही किया मैंने
ज़िंदगी भर यही सिखाया है

""

बेक़रारी मुझे सताती है
दिल में जबसे तुझे बसाया है

""

52. न मंजिल कोई न कोई कारवाँ

न मंजिल कोई न कोई कारवाँ
ये बढ़ते कदम अब रुकेंगे कहाँ

"""

मुहब्बत दिलों में संजोकर रखो
गुजर जाएगी फिर मिलेगी कहाँ

"""

समय का तक़ाज़ा भी कहता यही
मुहब्बत के गुलशन खिलेंगे कहाँ

"""

ये है यादगारे मुहब्बत के पल
है शाहिद हमारे ज़मीं आसमाँ

"""

दर-ए-दौलत की दिल में नहीं हो हवस
ऐसे अफ़राद जग में मिलेंगे कहाँ

"""

53. बेटा मेरा सबसे प्यारा

बेटा मेरा सबसे प्यारा
अपनी माँ का राज दुलारा

"''"

कोई तेरे जैसा नहीं है
लगता तू मुझे सबसे न्यारा

"''"

आने से तेरे दुःख भागे हैं
हम सबका अब तू ही सहारा

"''"

मिलता है तुझे प्यार सभी का
हम सबकी तू आँख का तारा

"''"

फैलाना तुमको उजियारा
चमकाना तुझे नाम हमारा

"''"

54. चमन में आग लगाते क्यूँ

चमन में आग लगाते क्यूँ
वतन का नाम मिटाते क्यूँ

""

वतन के ग़द्दारों को अब
सज़ा से तुम बचाते क्यूँ

""

कमाई करने की ख़ातिर
इमां को तुम गिराते क्यूँ

""

दिखाकर ख़्वाब महलों के
हंसाकर के रुलाते क्यूँ

""

ज़मीं पे मिटने वालों के
इमां पे दाग़ लगाते क्यूँ

""

लड़ा के हिन्दू और मुस्लिम
वतन को फिर से लजाते क्यूँ

"''"

रहेंगे एक सदा ही हम
हमें आपस में लड़ाते क्यूँ

"''"

दिवाली ईद भी अपनी
अमन में आग जलाते क्यूँ

"''"

55. खो गया मेरा बचपन मैं रोया नहीं

खो गया मेरा बचपन मैं रोया नहीं
बेवजह मुस्कुराऊँ ये होता नहीं

"""

ठोकरें खा के ज़िन्दा रहा न मरा
बचपने को मगर फिर भी खोया नहीं

"""

जी रहा हूँ मैं बचपन बचा ज़िंदगी
प्यार जो हो गया अब ये होता नहीं

"""

तू न समझा मुझे मैं समझता रहा
बिन तिरे दिल में कोई भी होता नहीं

"""

होशियारी भले मेरा दिलबर करे
सौदेबाज़ी करूँ मैं ये होता नहीं

"""

नूर चेहरे का मेरे जुदा हो गया
दिल तिरा जीत पाऊँ ये होता नहीं

"''

हो के मायूस बैठे हो क्यूँ जाने जाँ
'शाद' इस हाल में देखे होता नहीं

"''

56. हाँ तुम्हारे दिल में भी ये आग जलनी चाहिए

हाँ तुम्हारे दिल में भी ये आग जलनी चाहिए
अब हमारे देश की सूरत बदलनी चाहिए

""

दुश्मनों की चाल को नाकाम कर दे जो सदा
देश पर आयी बलाएँ देख टलनी चाहिए

""

महफिलों में मैं अकेला ही यहाँ रहने लगा
अब यहाँ मेरी कमी भी यार खलनी चाहिए

""

हो रहा बदहाल क्यूँ ये देश मेरा तुम कहो
क्या हुआ ये सोच कर वो बात खलनी चाहिए

""

है सुई का काम जो तलवार से होता नहीं
गर पकड़ना है यहाँ चिड़िया तो ललनी चाहिए

""

• 95 •

'शाद' ही है हर जगह क्यूँ ढूंढते हो हर घड़ी
इस फ़िज़ा में भी हवा ऐसी ही चलनी चाहिए

""

१. ललनी - बाँस की छोटी, पतली नली जो प्रायः पक्षियों को
पकड़ने में काम आती है।

57. लगा दी ज़िंदगी तुमने क्यूँ ऐसे आज़माने को

लगा दी ज़िंदगी तुमने क्यूँ ऐसे आज़माने को
कोई तुमको न रोकेगा यूँ मंज़िल अपनी पाने को

""

लुटा रखा है सब अपना जो तूने लक्ष्य पाने को
आ गया वक़्त अब तेरा शिखर पे रंग जमाने को

""

बहुत मेहनत किया हर क़दम पर ये जानते हैं हम
दिखाना है उड़ान अब हौसलों की ज़माने को

""

बड़ी शिद्दत से तुमने तो मरासिम को निभाया है
ज़िद है आज कर्मों से ख़ुदा को भी यूँ पाने को

""

तुम्हारे अश्क़ की हर बूँद का प्यासा समन्दर है
कोई समझाये कैसे 'शाद' जैसे इस दीवाने को

""

58. लड़ ज़माने से ऐसा हुनर पैदा कर

लड़ ज़माने से ऐसा हुनर पैदा कर
अपने अन्दर तू ऐसा जिगर पैदा कर

"""

मंजिलें तेरे क़दमों को चूमेंगी फिर
अज़्म से हौसले से डगर पैदा कर

"""

दौड़ना है समंदर के सीने पे गर
नेकियों की तू अपनी लहर पैदा कर

"""

सुर्ख़ियों में अगर तुझको रहना है तो
अपने किरदार में तू असर पैदा कर

"""

है अँधेरा अगर ज़िंदगी में तेरी
तो जला ख़ुद को फिर इक क़मर पैदा कर

"""

क़त्लों ग़ैरत की दुनियाँ में मिलता है तो
अपने तेवर में ज़ेर ओ ज़बर पैदा कर

“”

है बियाबाँ तेरा दिल तो सुन ले मेरी
अपने अन्दर ही तू इक नगर पैदा कर

“”

59. वो ग़रीबी से हर रोज़ मरता रहा

वो ग़रीबी से हर रोज़ मरता रहा
सर नगीने जड़ा ताज सजता रहा

"""

इस सियासत का मेयार ऐसा गिरा
आम इंसान इसमें उलझता रहा

"""

रोटियों के लिए हम तरसते रहे
और गोदाम में धान सड़ता रहा

"""

बेटियाँ ब्याह की चाह में ही रहीं
बाप बूढ़ा रक़म को भटकता रहा

"""

राह दुशवार भी हर क़दम पर मिली
'शाद' गिरता रहा और संभलता रहा

"""

60. मिला है क्या किसी को कुछ

मिला है क्या किसी को कुछ सड़क पर यूँ ही मरने में
पड़ेंगे कम सभी पैसे दवा के बिल को भरने में

""

रखो रफ़्तार पर क़ाबू न हो फिर हादसा कोई
सटक जाएगा यह जीवन तेरे स्टंट करने में

""

अगर काग़ज़ सही है तो ये रस्ता क्यूँ बदलते हो
मजा तो फिर है रस्ता पार करने और गुजरने में

""

पुलिस को देखकर रस्ता बदलने की वजह क्या है
चलें हरदम नियम पर तो मज़ा आता है डरने में

""

करो खर्चा सुरक्षा पर ख़रीदो ज़िंदगी अपनी
नहीं बर्बाद करना है यूँ ही बनने सँवरने में

""

सुनो सब ध्यान से समझो ट्रैफ़िक के इशारों को
लगा दो ज़िंदगी अपनी भला हर काम करने में

"""

61. किसको दूँ मैं वोट यहाँ पर

किसको दूँ मैं वोट यहाँ पर
सबके भीतर खोट यहाँ पर

""

कोई बाँटे बोतल-शोतल
कोई फैंके नोट यहाँ पर

""

कोई धोती पगड़ी पहने
कोई पहने कोट यहाँ पर

""

जब से आए दिन 'मत' वाले
मदिरा पापड़ मोट यहाँ पर

""

बढ़िया नेता चुनना है अब
खा मत जाना चोट यहाँ पर

""

सब हदें तोड़कर

करते हैं सब वादे अच्छे
पग में जाते लोट यहाँ पर

""

पछताओगे पाँच बरस तक
मत के मत लो नोट यहाँ पर

""

प्रजातंत्र का पर्व यही है
सब दें अपना वोट यहाँ पर

""

अश' आर

जीना भी दुश्वार हुआ मरना भी दुश्वार हुआ
कह दिया लोगों ने भी 'शाद' को तो प्यार हुआ

"_____"

गर जो हो सच्ची मुहब्बत और दिल में हो यक़ीं
गुलज़ार हो जाते हैं गुल आतिश-ए-नमरूद में

"_____"

एक सी ही लगे दोनों हिचकी मुझे
इक तेरी याद की इक मेरी मौत की

"_____"

तुम ज़रूरत नहीं आदत बन गए हो
इस काफ़िर की इबादत बन गए हो

"_____"

सबने छोड़ा मुझे सबको मैं भूल के
आया दर पे तेरे तू नहीं छोड़ना

"_____"

हो के बेचैन क़ासिद को भेजें हैं ख़त
फिर भी पैग़ाम मेरा न पहुँचा तुझे

"_____"

अश' आर

दर्द-ए-दिल की मुझको दवा दो
दिल में है क्या अब तो दिखा दो

" _____ "

तौबा हज़ारों करके भी ये छोड़ी न जाए
माशूक़ ने जो पिला दी मुझे इस पैमाने से

" _____ "

बज़्म-ए-मय है तो सारा पी जाऊँगा
भूलकर सारे ग़मों को जी जाऊँगा

" _____ "

आने से पहले ही क्यूँ खतरे में बेटियाँ
माँ बाप की हरकत से सदमे में बेटियाँ

" _____ "

तेरी खुशबू करे आज बेचैन फिर
पहले सावन की बरसात जैसी लगे

" _____ "

बेख़ौफ़ हो के राह पर चलता रहा हूँ मैं
अपनी ही प्यास का ख़ुद दरिया रहा हूँ मैं
दुनियाँ से अकेला ही लड़ता रहा हूँ मैं
ज़िंदगी की चाह में मरता रहा हूँ मैं

" _____ "

आब-ए-हयात इस क़दर हैरान कर गया
आया था देने ज़िन्दगी वो और मर गया

"_____"

आरज़ू है दिल की मुलाकात हो तुझसे
आज मेरे दिल की सभी बात हो तुझसे
क्यों न ये मुमकिन है कि मैं साथ में रहूँ
ज़िंदगी भर ख़ुशियों की बरसात हो तुझसे

"_____"

सपने में वो मेरे आने जाने लगे
हम जहाँ थे वहीं पे ठिकाने लगे
बात मेरी सभी भूल बैठे थे वो
गीत में अपने फिर भी वो गाने लगे

"_____"

1. आब-ए-हयात - अमृत जल, जीवन का पानी